VEO
NÚMEROS

Rimas de Jean Marzollo

Fotografías de Walter Wick

Gracias a Sandra Nice y Nice Care, Inc.

Originally published in English as a board book under the title *I Spy Little Numbers*

ISBN 978-0-545-45705-7

Text copyright © 1999 by Jean Marzollo.
"1, 2, 3..." from *I Spy School Days* © 1995 by Walter Wick, published by Scholastic Inc. Translation copyright © 2012 by Scholastic Inc.

12 11 10 9 8 7 6 5 4 3 2

Printed in the U.S.A.   40

First Spanish printing, September 2012

VEO NÚMEROS

Rimas de Jean Marzollo

Fotografías de Walter Wick

SCHOLASTIC INC.

Veo un perro caliente,

un osito de peluche

y un número uno
resplandeciente.

Veo un dos amarillo,

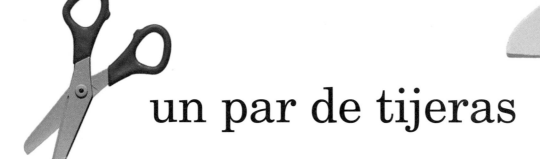

un par de tijeras

y el botón de un abrigo.

Veo un hermoso
número tres.

¿Cuántos cerditos rosados
puedes ver?

Veo un cuatro,

una camioneta larga,

 una rana jaspeada

y un viejito con barba.

Veo un número cinco,

 un avioncito,

un balón de fútbol

 y un trencito.

Veo un seis,

 una guitarra para tocar,

un escarabajo

y un zapato que no hay que amarrar.

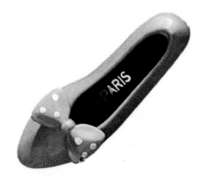

Veo un número siete,

dos fichas de dominó,

una vaca con pintas

 y un girasol.

Veo una araña,

 un autito de carreras,

un número ocho

y una bella estrella.

Veo una pelota,

9 un número
nueve rojo

y un jugador de béisbol
que juega a su antojo.

Cuando hayas terminado, regresa y busca...

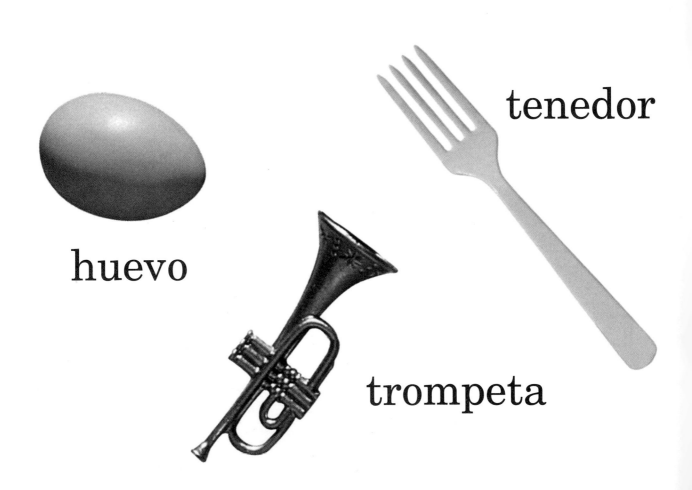

huevo

tenedor

trompeta

¿Qué más puedes encontrar en este libro?

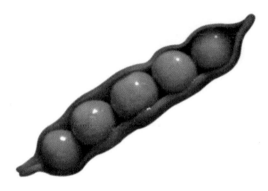 guisantes

tomate

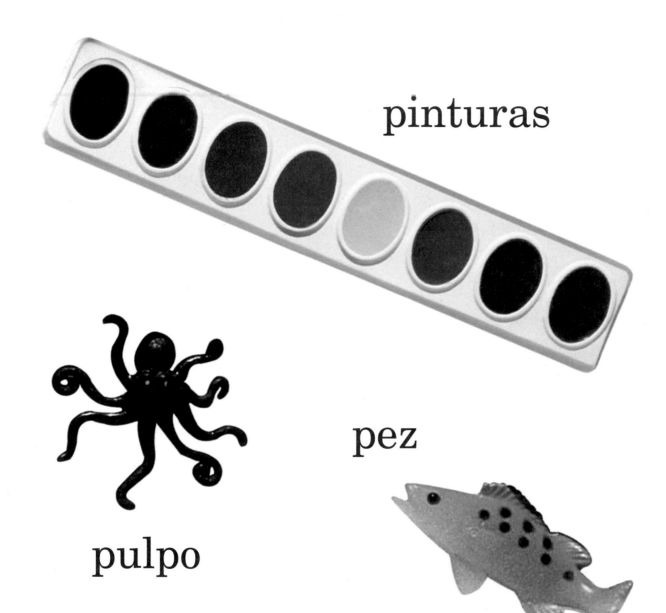

pinturas

pez

pulpo

rueda de espagueti

 corona

 escoba

bicicleta

dinosaurio

gafas de sol

¡Espera! No hemos terminado.
Aún queda algo por hacer.

1 2 3 4 5

6 7 8 9

¡Regresa y descubre en cada fotografía cuántos de estos números puedes ver!

No te pierdas

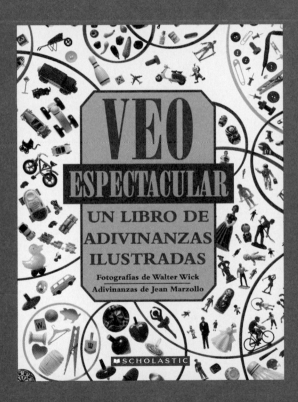